Impressum
Verlag: BABADADA GmbH, Nedderfeld 112 , 22529 Hamburg
Geschäftsführer / Verlagsleitung: Harald Hof
Druck: Books on Demand GmbH, In de Tarpen 42, 22848 Norderstedt

Imprint
Publisher: BABADADA GmbH, Nedderfeld 112 , 22529 Hamburg, Germany
Managing Director / Publishing direction: Harald Hof
Print: Books on Demand GmbH, In de Tarpen 42, 22848 Norderstedt, Germany

# iskola
# المدرسة

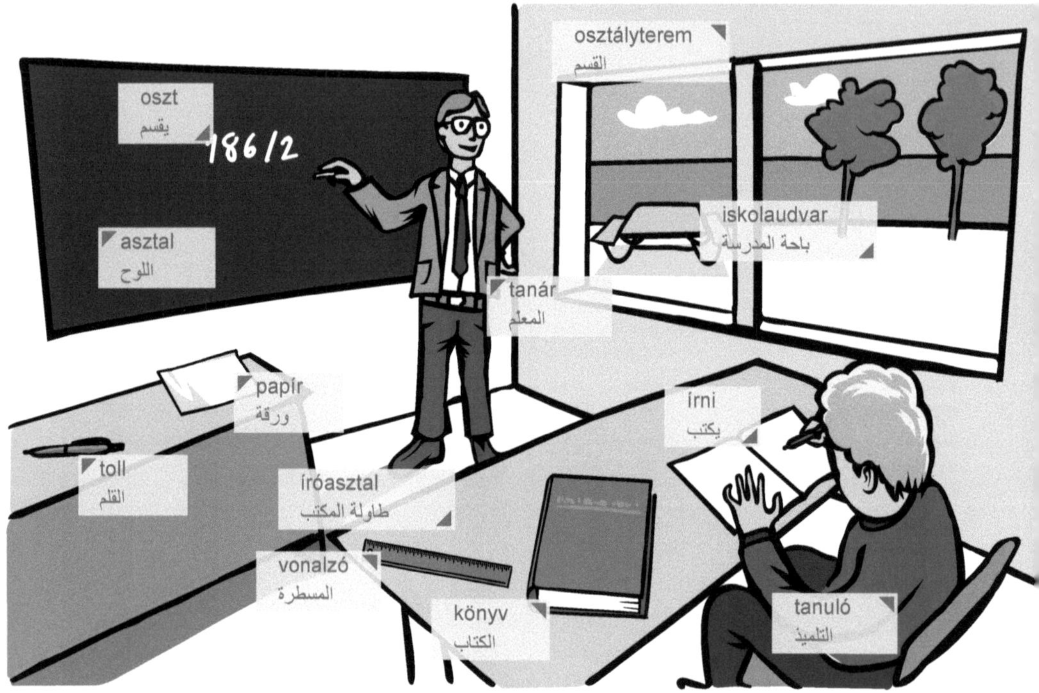
osztályterem
القسم
oszt
يقسم
186/2
asztal
اللوح
iskolaudvar
باحة المدرسة
tanár
المعلّم
papír
ورقة
írni
يكتب
toll
القلم
íróasztal
طاولة المكتب
vonalzó
المسطرة
könyv
الكتاب
tanuló
التلميذ

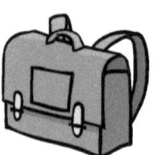

iskolatáska

الحقيبة المدرسية

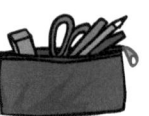

tolltartó

المقلمة

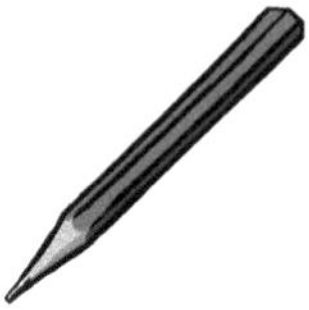

ceruza

قلم الرصاص

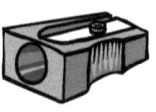

ceruzahegyező

البرّاية

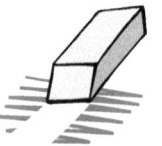

radír

الممحاة

rajzfüzet

دفتر الرسم

rajz

الرسمة

ecset

الفرشاة

festőkészlet

علبة التلوين

olló

المقص

ragasztó

المادة اللاصقة

munkafüzet

دفتر التمارين

házi feladat

الواجب المدرسي

szám

الرقم

összead

يجمع

kivon

يطرح

szoroz

يضرب

számol

يحسب

betű

الحرف

ABC

الأبجدية

szó

كلمة

szöveg

النص

olvasni

يقرأ

kréta

الطبشور

tanóra

الحصة

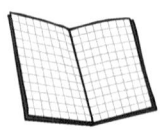

napló

دفتر الدوام المدرسي

vizsga

الامتحان

bizonyítvány

شهادة

iskolai egyenruha

اللباس المدرسي

oktatás

التعليم

enciklopédia

الموسوعة

egyetem

الجامعة

mikroszkóp

المجهر

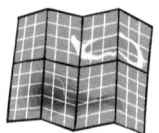

térkép

الخريطة

papír-hulladék gyűjtő

قماما

# utazás

## سفر

hotel
فندق
Grand
szállás
بيت الشباب
ROOMS
valutaváltó iroda
مكتب صرافة
CHANGE
bőrönd
حقيبة
autó
سيارة


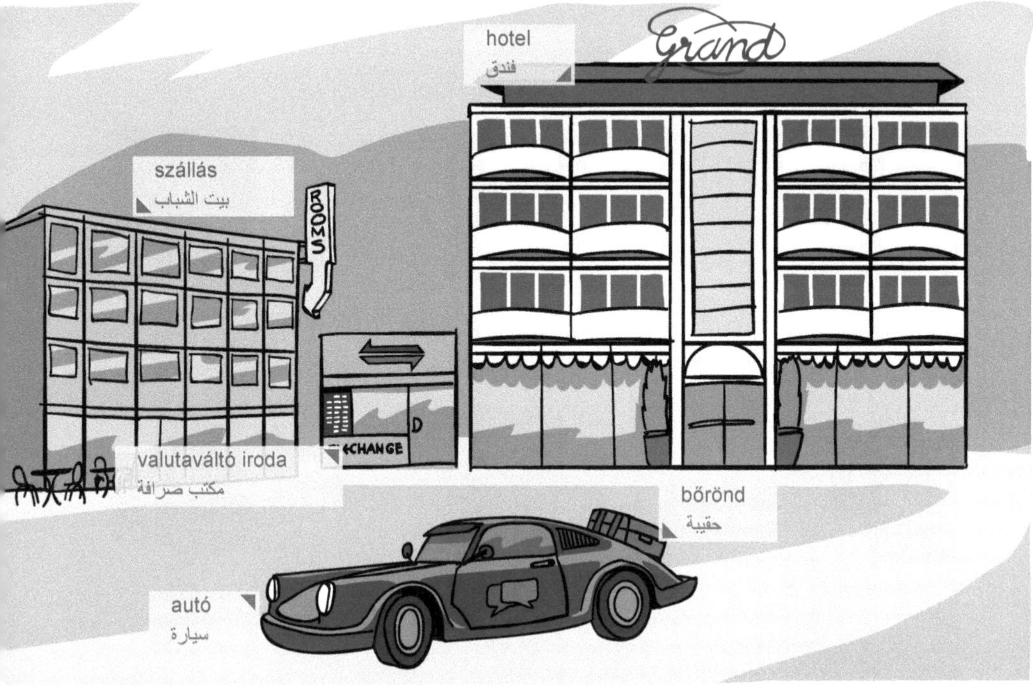

nyelv

اللغة

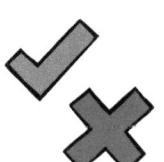

igen/nem

نعم / لا

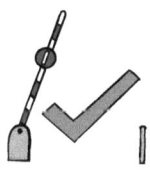

rendben

حسناً

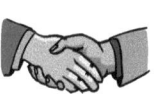

szia

مرحباً

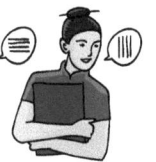

fordító

مترجم

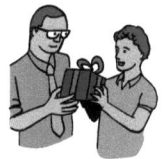

köszönöm

شكراً

mennyibe kerül...?

كم ثمن ... ؟

nem értem

لا أفهم

probléma

مشكلة

Jó estét!

مساء الخير

jó reggelt!

صباح الخير!

jó éjszakát!

ليلة سعيدة

viszontlátásra

إلى اللقاء

útirány

اتجاه

poggyász

أمتعة السفر

táska

حقيبة

hátizsák

حقيبة ظهر

vendég

ضيف

szoba

غرفة

hálózsák

كيس للنوم

sátor

خيمة

turista információ

استعلامات سياحية

strand

شاطئ

hitelkártya

بطاقة ائتمان

reggeli

إفطار

ebéd

طعام الغداء

vacsora

العشاء

jegy

بطاقة سفر

lift

مصعد

bélyeg

طابع بريدي

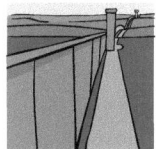

határ

حدود

vám

الجمارك

nagykövetség

سفارة

vízum

تأشيرة

útlevél

جواز سفر

# közlekedés

# نقل

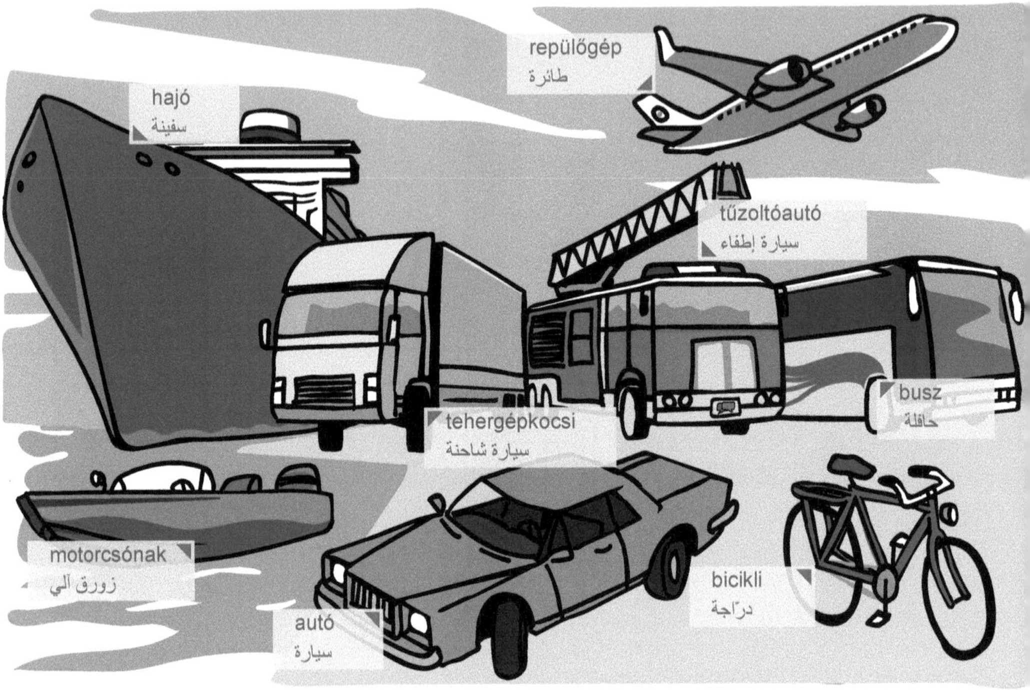

repülőgép
طائرة
hajó
سفينة
tűzoltóautó
سيارة إطفاء
busz
حافلة
tehergépkocsi
سيارة شاحنة
motorcsónak
زورق آلي
bicikli
درّاجة
autó
سيارة


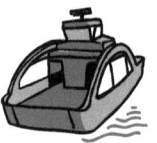

komp

عبارة

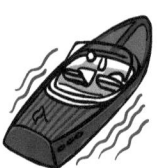

csónak

قارب

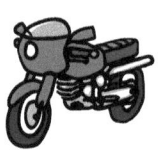

motorkerékpár

دراجة نارية

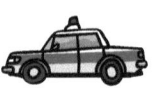

rendőrautó

سيارة شرطة

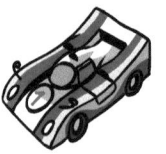

versenyautó

سيارة سباق

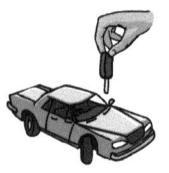

bérautó

سيارة مستأجرة

telekocsi

أسلوب تشاركي في استئجار السيارات

vontató

سيارة للجر

szemetes autó

سيارة نقل القمامة

motor

محرك

üzemanyag

وقود

benzinkút

محطة وقود

közlekedési tábla

إشارة مرور

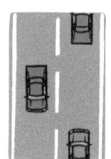

forgalom

حركة السير

forgalmi dugó

ازدحام سير

parkoló

موقف سيارات

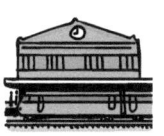

vonatállomás

محطة قطار

sínek

سكك حديدية

vonat

قطار

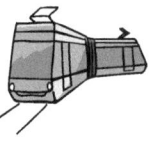

villamos

ترام

vagon

عربة قطار

helikopter

طائرة مروحية

repülőtér

مطار

torony

برج

utas

مسافر

konténer

حاوية

kartondoboz

علبة كرتون

taliga

عربة يد

kosár

سلة

felszáll / leszáll

يقلع / يهبط

## város

falu

قرية

városközpont

مركز المدينة

ház

بيت

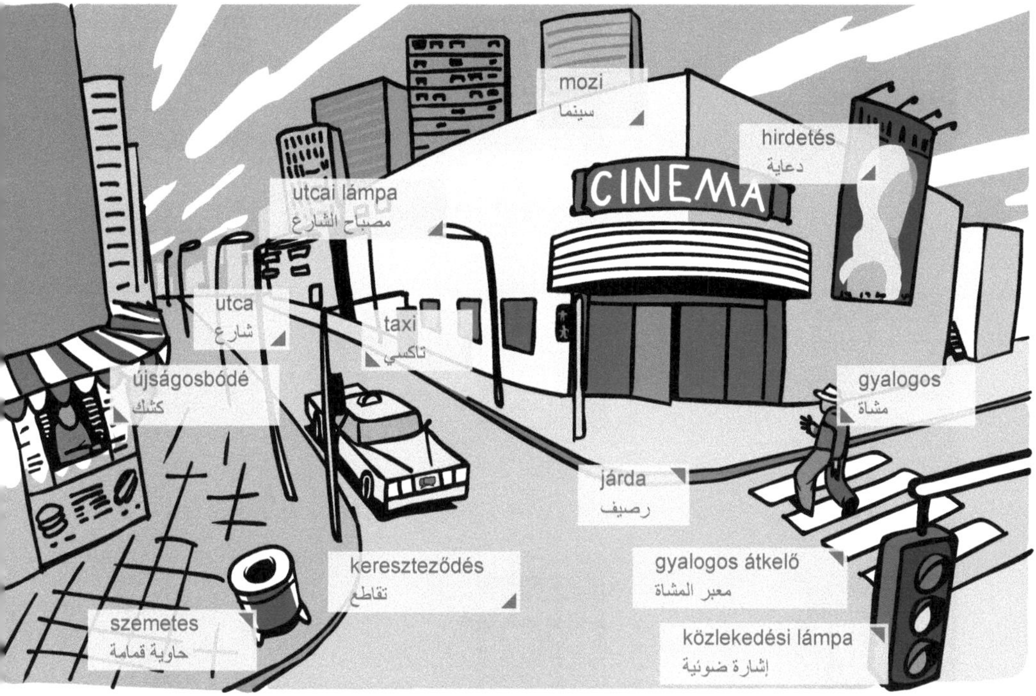

mozí
سينما

hirdetés
دعاية

utcai lámpa
مصباح الشارع

CINEMA

utca
شارع

taxi
تاكسي

gyalogos
مشاة

újságosbódé
كشك

járda
رصيف

kereszteződés
تقاطع

gyalogos átkelő
معبر المشاة

szemetes
حاوية قمامة

közlekedési lámpa
إشارة ضوئية

kunyhó

كوخ

lakás

شقة

vonatállomás

محطة قطار

városháza

دار البلدية

múzeum

متحف

iskola

المدرسة

egyetem

الجامعة

bank

مصرف

kórház

المستشفى

hotel

فندق

gyógyszertár

صيدلية

iroda

مكتب

könyvesbolt

مكتبة

üzlet

متجر

virágüzlet

محل لبيع الزهور

szupermarket

سوبرماركت

piac

سوق

áruház

متجر كبير

halárus

تاجر السمك

bevásárló központ

مركز تسوّق

kikötő

ميناء

park

حديقة عامة

pad

مقعد

híd

جسر

lépcső

درج، سلم

metró

مترو

alagút

نفق

buszmegálló

موقف حافلات

bár

بار

étterem

مطعم

postaláda

صندوق البريد

utcatábla

لافتة باسم الشارع

parkoló óra

مقياس زمن الوقوف

állatkert

حديقة حيوانات

uszoda

مسبح

mecset

مسجد

gazdálkodás

مزرعة

környezetszennyezés

تلوث البيئة

temető

مقبرة

templom

كنيسة

játszótér

ملعب الأطفال

szentély

معبد

# táj

طبيعة ريفية

levél
ورقة

útjelző tábla
علامة إرشاد

út
طريق

rét
مرج

kő
حجر

fa
شجرة

túrázó
رحالة

folyó
نهر

fű
عشب

virág
زهرة

völgy

وادٍ

domb

جبل

tó

بحيرة

erdö

غابة

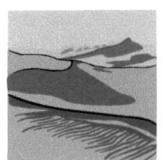

sivatag

صحراء

vulkán

بركان

kastély

قلعة

szivárvány

قوس قزح

gomba

فطر

pálmafa

نخلة

szúnyog

بعوض

légy

ذبابة

hangya

نملة

méhecske

نحلة

pók

عنكبوت

bogár

خنفساء

béka

ضفدعة

mókus

سنجاب

sündisznó

قنفذ

nyúl

أرنب

bagoly

بومة

madár

عصفور

hattyú

بجعة

vaddisznó

خنزير بري

szarvas

غزال

rénszarvas

إلكة

gát

سد

szélturbina

دولاب الطاحونة الهوائية

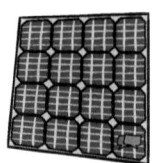

napelem

خلية شمسية

éghajlat

مناخ

# étterem
# مطعم

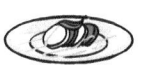

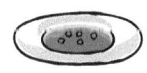

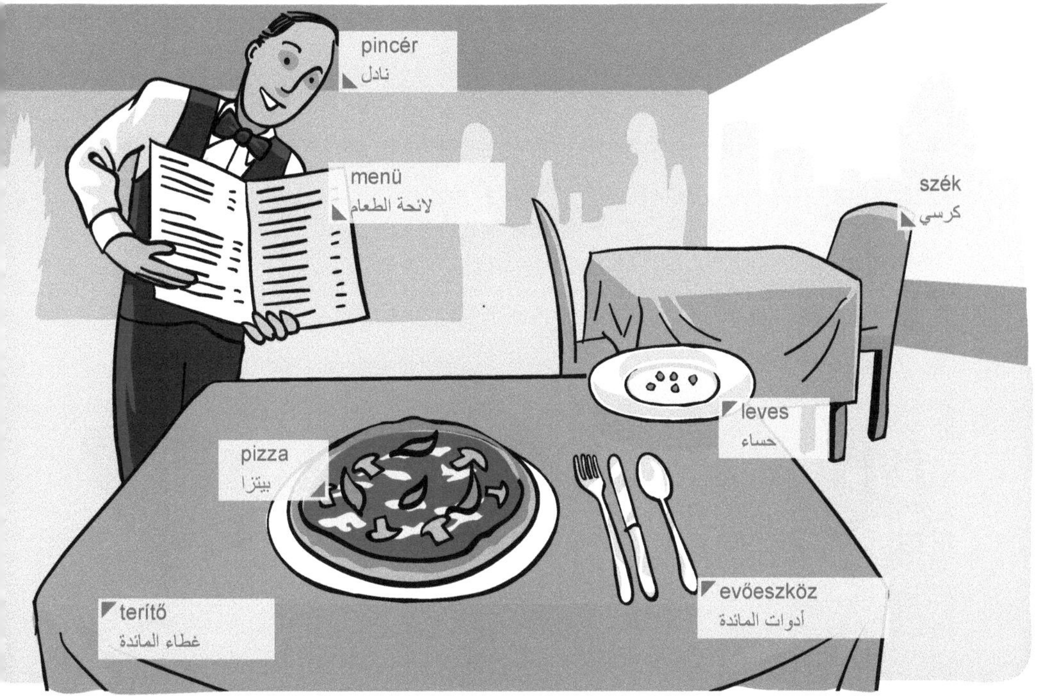

pincér
نادل
menü
لائحة الطعام
szék
كرسي
leves
حساء
pizza
بيتزا
terítő
غطاء المائدة
evőeszköz
أدوات المائدة


előétel
..................
مقبلات

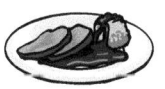

főétel
..................
الصحن الرئيسي

desszert
..................
حلوى أو فاكهة بعد الطعام

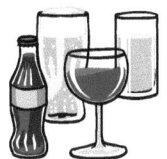

italok
..................
مشروبات

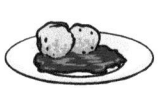

étel
..................
طعام

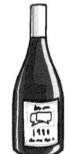

üveg
..................
زجاجة

gyorsétel

وجبات سريعة

gyorsétel

طعام الشارع

teás kanna

إبريق الشاي

cukortartó

علبة السكر

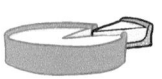

adag

حصّة

eszpresszógép

آلة الإسبريسو

bárszék

كرسي عالٍ

számla

فاتورة

tálca

صينية

kés

سكين

villa

شوكة

kanál

ملعقة

teáskanál

ملعقة الشاي

szalvéta

منديل المائدة

pohár

كأس

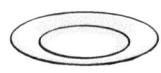

tányér

صحن

leveses tányér

صحن الحساء

csészealj

صحن الفنجان

szósz

صلصة

sószóró

مملحة

borsőrlő

مطحنة الفلفل

ecet

خلّ

étkezési olaj

زيت الطعام

fűszerek

توابل

ketchup

كتشاب

mustár

خردل

majonéz

مايونيز

# szupermarket
## سوبرماركت

különleges ajánlat
عرض خاص
FOR
ügyfél
زبون
tejtermék
مشتقات الحليب
gyümölcsök
فواكه
bevásárló kocsi
عربة تسوق


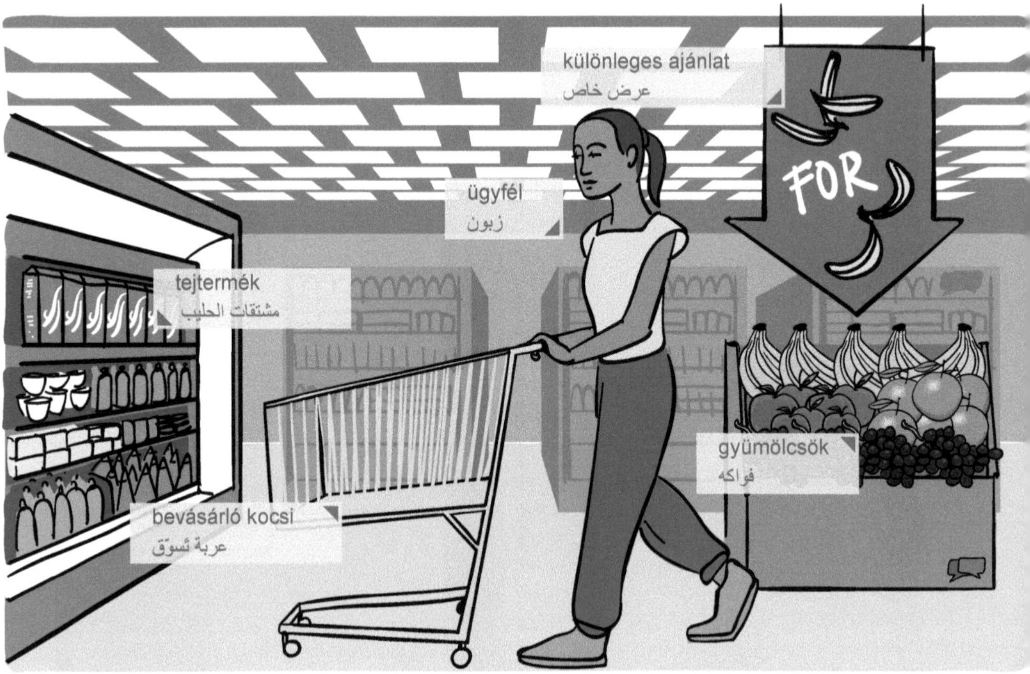

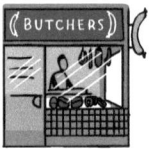

BUTCHERS


hentes

جزّار

BAKERY


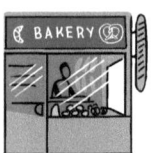

pékség

مخبز

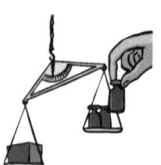

nyom valamennyit

يزن

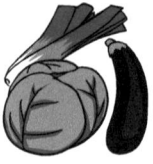

zöldség

خضار

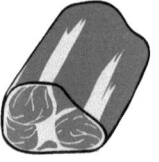

hús

لحم

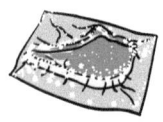

fagyasztott áru

المأكولات المجمّدة

felvágott

مرتدلا أو جبن

konzerv

معلبات

mosópor

مسحوق الغسيل

édességek

حلويات

háztartási termék

المواد المنزلية

tisztítószerek

منظفات

eladó

بائعة

pénztárgép

صندوق الحساب

eladó

أمين صندوق

bevásárló lista

قائمة المشتريات

nyitva tartás

أوقات العمل

levéltárca

محفظة النقود

hitelkártya

بطاقة ائتمان

zacskó

حقيبة

műanyag zacskó

كيس بلاستيكي

víz

ماء

gyümölcslé

عصير

tej

حليب

kóla

كولا

bor

نبيذ

sör

بيرة

alkohol

كحول

kakaó

كاكاو

tea

شاي

kávé

قهوة

eszpresszó

قهوة إسبريسو

kapucsínó

كابوتشينو

banán

موزة

alma

تفاح

narancs

برتقال

sárgadinnye

بطيخ

citrom

ليمون

sárgarépa

جزرة

fokhagyma

ثوم

bambusz

خيزران

hagyma

بصل

gomba

فطر

magvak

لوزيات

nokedli

شعيرية

spagetti

سباغيتي

rizs

أرزّ

saláta

سلطة

sült krumpli

بطاطا مقلية

sült burgonya

بطاطا مقلية

pizza

بيتزا

hamburger

هامبورغر

szendvics

ساندويش

hússzelet

شريحة لحم مقلية

sonka

لحم خنزير

szalámi

سلامي

kolbász

سجق

csirke

دجاج

pecsenye

لحم محمر

hal

سمك

zabkása

دقيق الشوفان

müzli

موسلي

kukoricapehely

كورن فلكس

liszt

طحين

croissant

كرواسان

zsemle

خبز صغير

kenyér

خبز

pirítós kenyér

خبز محمص

keksz

بسكويت

vaj

زبدة

túró

لبن زبادي

sütemény

كعكة

tojás

بيضة

tükörtojás

بيض مقلي

sajt

جبنة

jégkrém

مثلجات

cukor

سكر

méz

عسل

lekvár

مربّى الفاكهة

mogyorókrém

كريم النوغا

curry

الكاري

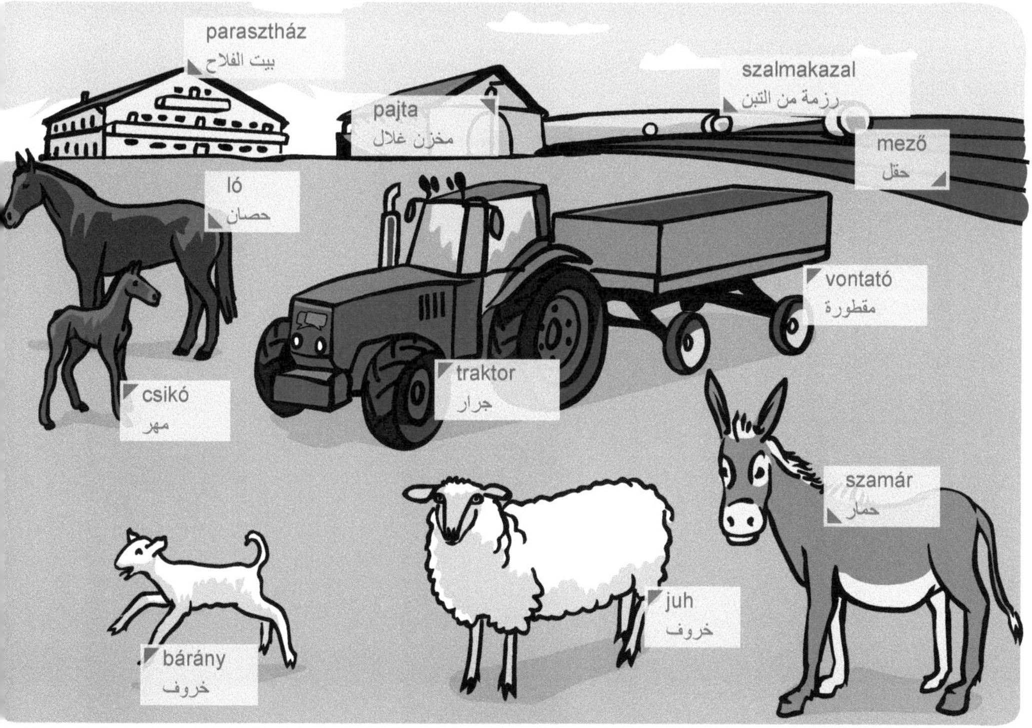

parasztház
بيت الفلاح

szalmakazal
رزمة من التبن

pajta
مخزن غلال

mező
حقل

ló
حصان

vontató
مقطورة

traktor
جرار

csikó
مهر

szamár
حمار

bárány
خروف

juh
خروف

kecske

ماعز

tehén

بقرة

borjú

عجل

malac

خنزير

kismalac

خنزير صغير

bika

ثور

liba

إوزة

kacsa

بطة

csibe

صوص

tojó

دجاجة

kakas

ديك

patkány

جرذ

macska

قطة

egér

فأر

ökör

ثور

kutya

كلب

kutyaház

كوخ الكلب

kerti öntözőcső

خرطوم الحديقة

öntözőkanna

إبريق

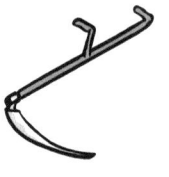

kasza

منجل

eke

المحراث

sarló

منجل

kapa

معزقة

vasvilla

مذراة الزبل

fejsze

بلطة

talicska

عربة يد

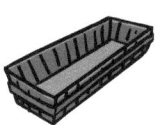

teknő

معلف

tejes kancsó

صفيحة الحليب

zsák

كيس

kerítés

سياج

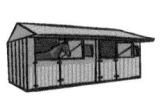

istálló

اصطبل

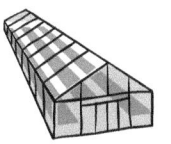

üvegház

دفيئة

talaj

تربة

vetőmag

بذور

trágya

سماد

cséplőgép

حصّادة درّاسة

szüretelni

يحصد

betakarítás

محصول

yamgyökér

بطاطا يامس

búza

قمح

szója

صويا

burgonya

بطاطا

kukorica

ذرة

repcemag

سلجم

gyümölcsfa

شجرة فاكهة

manióka

نبات منيهوت

gabona

الحبوب

# ház

بيت

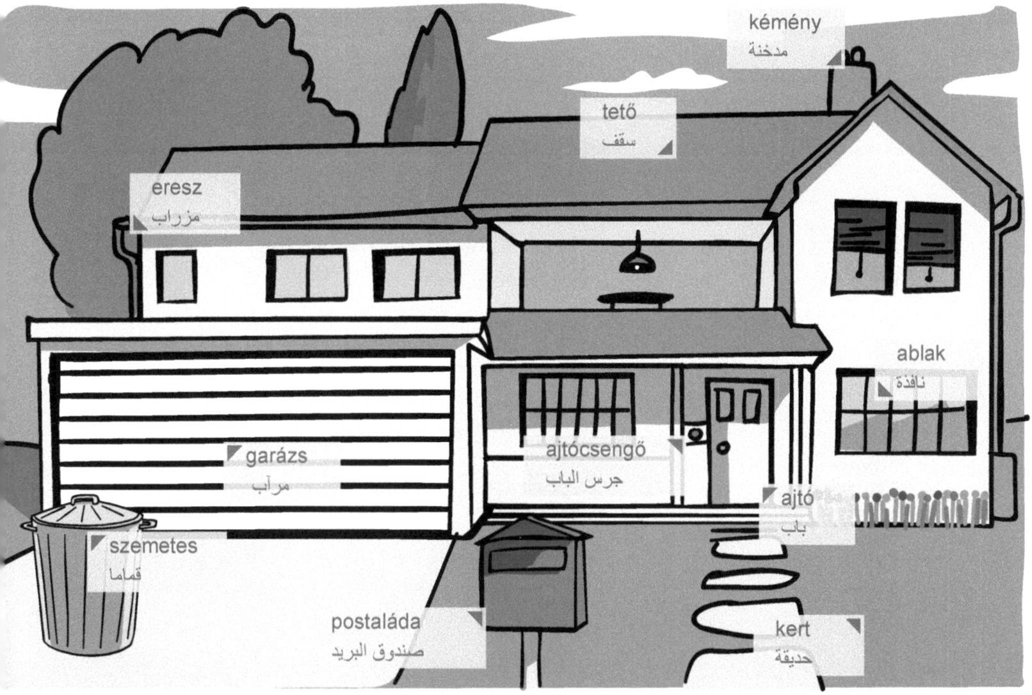

kémény
مدخنة

tető
سقف

eresz
مزراب

ablak
نافذة

garázs
مرآب

ajtócsengő
جرس الباب

ajtó
باب

szemetes
قمامة

postaláda
صندوق البريد

kert
حديقة

**nappali**

غرفة جلوس

**fürdőszoba**

الحمّام

**konyha**

مطبخ

**hálószoba**

غرفة النوم

**gyerekszoba**

غرفة الأطفال

**ebédlő**

غرفة الطعام

ház - بيت    31

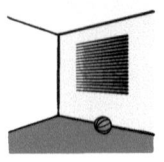

padló

أرضية

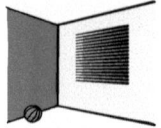

fal

حائط

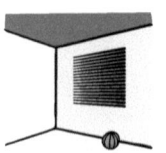

plafon

سقف

pince

قبو

szauna

ساونا

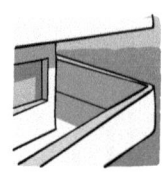

erkély

بلكون

terasz

شرفة

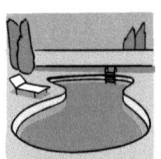

medence

مسبح

fűnyíró

جزازة العشب

lepedő

بياضات السرير

ágytakaró

بطانية

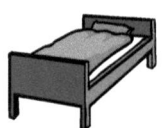

ágy

سرير

seprű

مكنسة

vödör

سطل

kapcsoló

مفتاح كهرباني

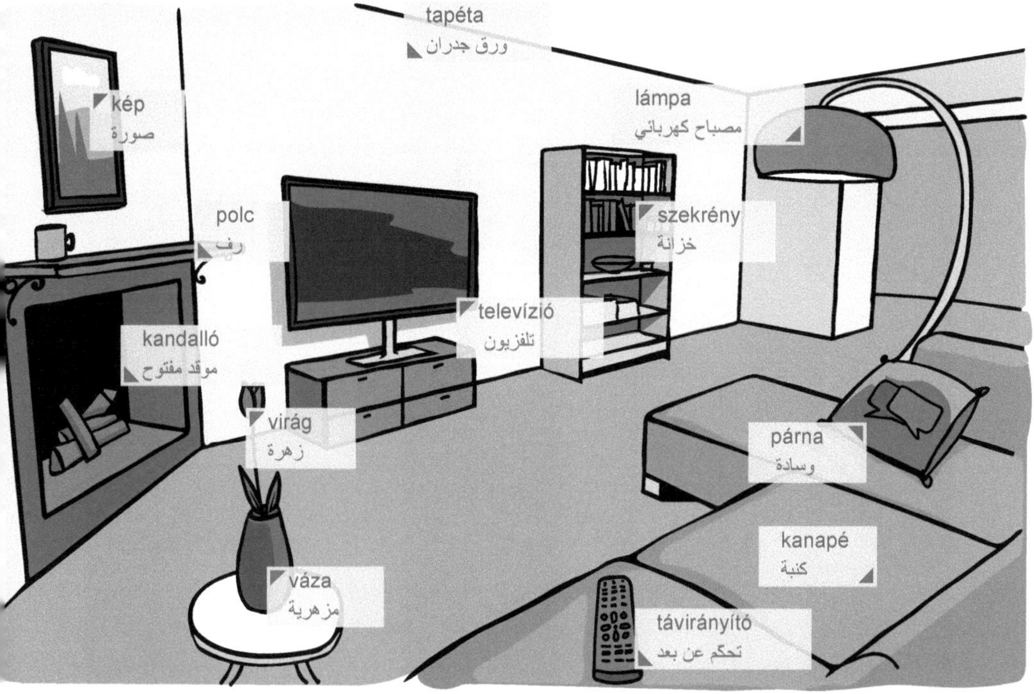

tapéta
ورق جدران

kép
صورة

lámpa
مصباح كهربائي

polc
رف

szekrény
خزانة

kandalló
موقد مفتوح

televízió
تلفزيون

virág
زهرة

párna
وسادة

kanapé
كنبة

váza
مزهرية

távirányító
تحكم عن بعد

szőnyeg

بساط

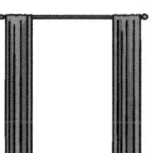

függöny

ستارة

asztal

طاولة

szék

كرسي

hintaszék

كرسي هزّاز

karosszék

كرسي ذو ذراعين

könyv

الكتاب

takaró

بطانية

dekoráció

زخرفة

tűzifa

الحطب

film

فيلم

hifi

تجهيزات ستيريو

kulcs

مفتاح

újság

جريدة

festmény

لوحة مرسومة

poszter

مُلصق

rádió

راديو

jegyzetfüzet

دفتر ملاحظات

porszívó

المكنسة الكهربائية

kaktusz

صبّار

gyertya

شمعة

# konyha
# مطبخ

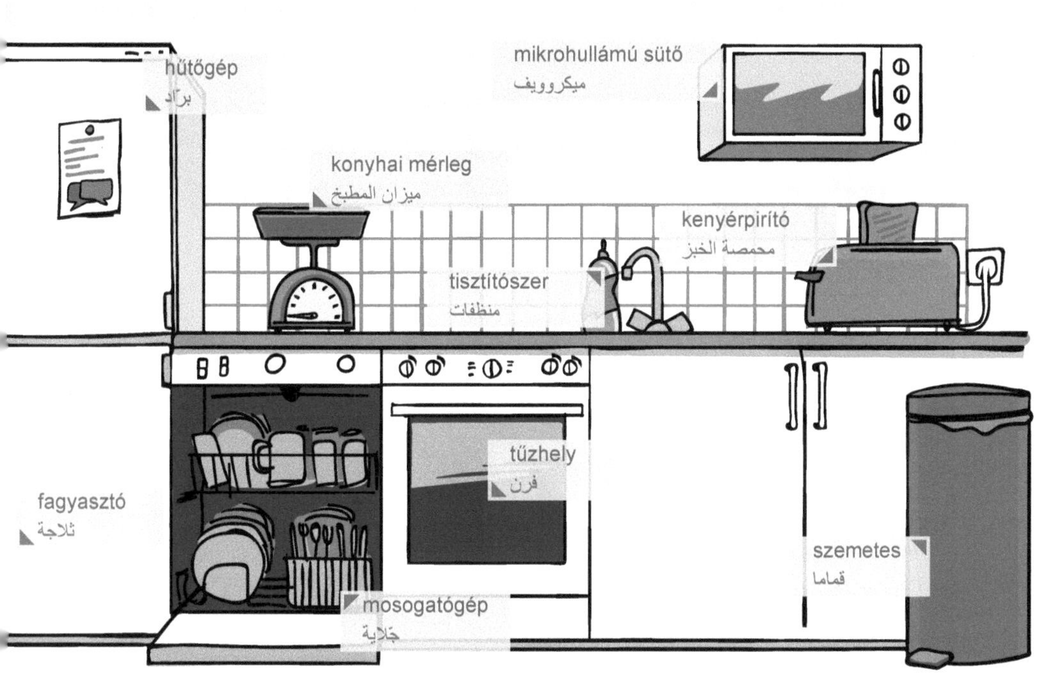
hűtőgép
برّاد
mikrohullámú sütő
ميكروويف
konyhai mérleg
ميزان المطبخ
kenyérpirító
محمصة الخبز
tisztítószer
منظفات
tűzhely
فرن
fagyasztó
ثلاجة
szemetes
قماما
mosogatógép
جَلاية

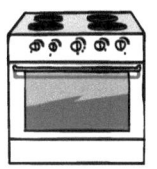

tűzhely
موقد

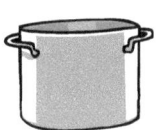

edény
قِدر

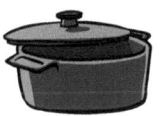

vasfazék
وعاء من الحديد

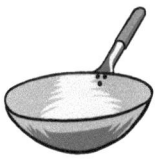

wok / kadai
قدر صيني

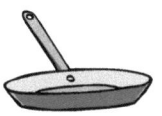

serpenyő
مقلاة

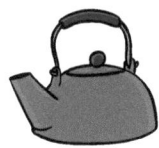

vízforraló
غلاية

páruló

قدر البخار

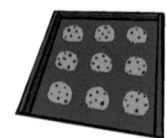

tepsi

صينية

étkészlet

أواني

bögre

فنجان

tálka

صحن

evőpálcika

عيدان الأكل

merőkanál

مغرفة

keverőlapátka

ملعقة منبسطة

habverő

خفاقة

szűrő

مصفاة

szita

مصفاة

reszelő

مبشّرة

mozsár

هاون

grillsütő

شواء

kandalló

موقد

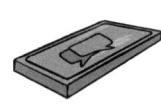

vágódeszka

لوح التقطيع

sodrófa

نشابة

dugóhúzó

مفتاح الزجاجات

doboz

علبة

konzervnyitó

مفتاح العلب المعدنية

edényfogó

قماش الفرن

mosogató

مجلى

kefe

فرشاة

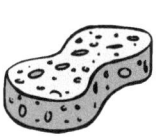

szivacs

إسفنج

turmixgép

خلاط

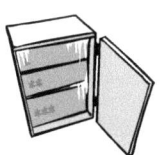

mélyhűtő

مجمّدة

cumisüveg

زجاجة الحليب

csap

صنبور الماء

# fürdőszoba

# الحمّام

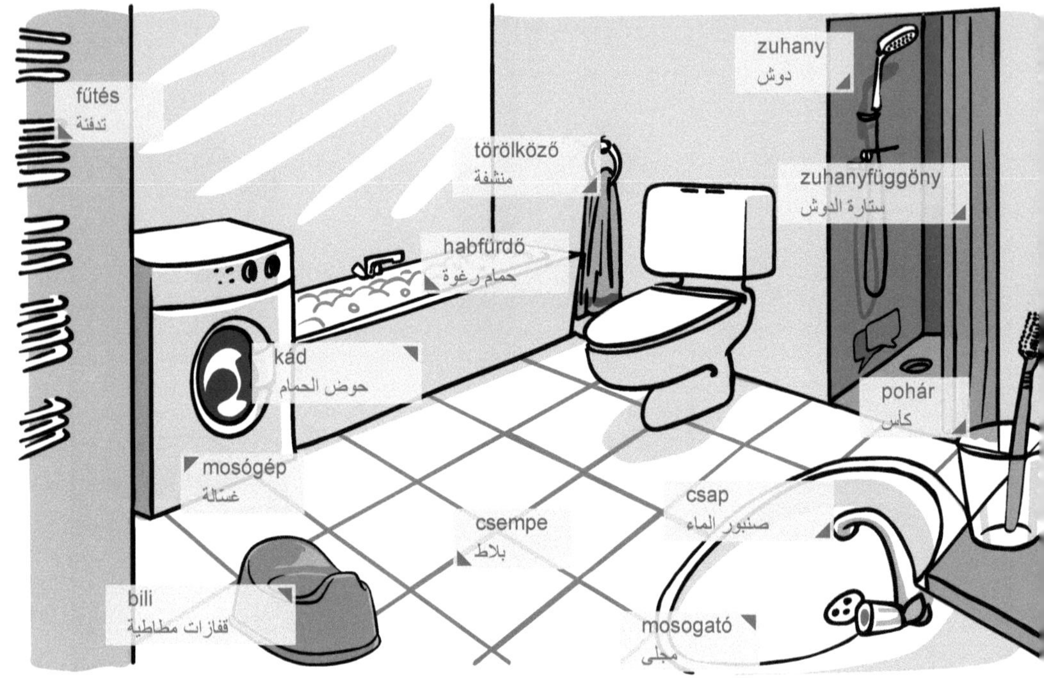

fűtés
تدفئة
zuhany
دوش
törölköző
منشفة
zuhanyfüggöny
ستارة الدوش
habfürdő
حمام رغوة
kád
حوض الحمام
pohár
كأس
mosógép
غسالة
csap
صنبور الماء
csempe
بلاط
bili
قفازات مطاطية
mosogató
مجلى


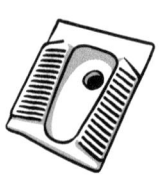

toalett
حمام

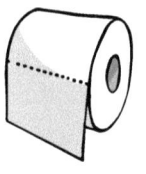

guggolós toalett
مرحاض القرفصاء

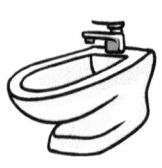

bidé
حوض التشطيف

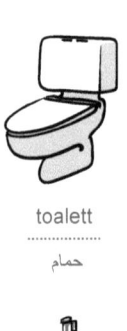

piszoár
مبولة

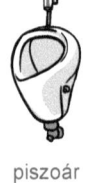

toalett papír
ورق المرحاض

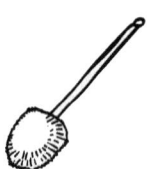

wc kefe
فرشاة الحمام

**fogkefe**

فرشاة الأسنان

**fogkrém**

معجون الأسنان

**fogselyem**

خيط حرير لتنظيف الأسنان

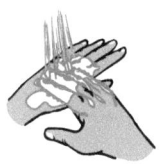

**mosni**

يغسل

**kézi zuhany**

رشاش ماء يدوي

**intimzuhany**

شطاف

**mosdótál**

حوض الغسيل

**hátmosó kefe**

فرشاة الظهر

**szappan**

صابون

**tusfürdő**

جيل الدوش

**sampon**

شامبو

**mosdókesztyű**

ممسحة

**lefolyó**

مصرف للماء

**krém**

مرهم

**dezodor**

مزيل الروائح

tükör

مرآة

kézitükör

مرآة يد

borotva

موس حلاقة

borotvahab

رغوة الحلاقة

borotválkozás utáni arcszesz

كولونيا

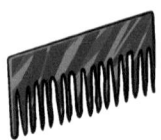

fésű

مشط

hajkefe

فرشاة

hajszárító

سشوار

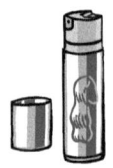

hajlakk

مثبت للشعر

smink

ماكياج

ajakrúzs

روج

körömlakk

طلاء أظافر

vatta

قطن

körömvágó olló

مقص أظافر

parfüm

عطر

neszesszer

سلة الغسيل

sámli

مقعد صغير

mérleg

ميزان

köntös

معطف الحمام

gumikesztyű

قفازات مطاطية

tampon

سدادة قطنية

egészségügyi betét

منشفة صحية

vegyi WC

تواليت كيميائية

# gyerekszoba
## غرفة الأطفال

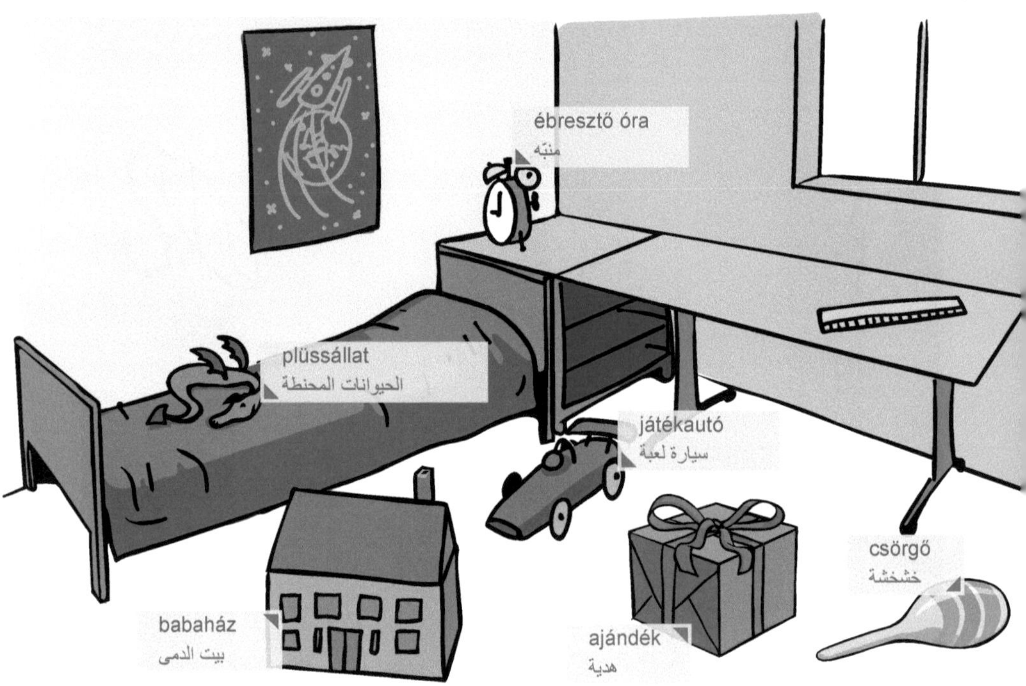
ébresztő óra
منبّه
plüssállat
الحيوانات المحنطة
játékautó
سيارة لعبة
csörgő
خشخشة
babaház
بيت الدمى
ajándék
هدية

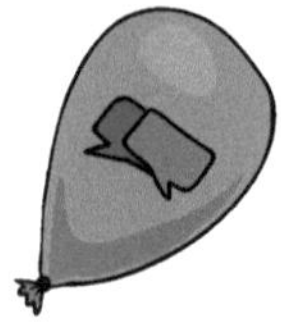

lufi
بالون

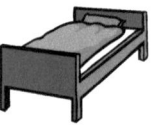

ágy
سرير

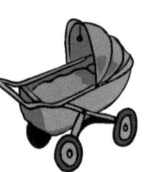

babakocsi
عربة الأطفال

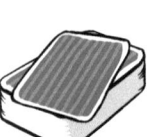

kártyapakli
لعبة الورق

kirakós játék
أحجية

SUPER MEGA
képregény
رسوم هزلية

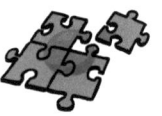

építőkockák

أحجار الليغو

építőelem

حجارة تركيب

szuperhős

دمية بطل

rugdalózó

لباس الطفل

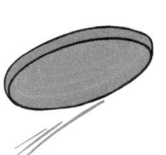

frizbi

فريسبي

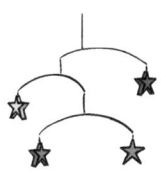

zenélő forgó

دمية معلقة

társasjáték

لعبة الطاولة

kocka

لعبة النرد

modellvasút

لعبة قطار

cumi

مصاصة

zsúr

حفلة

képeskönyv

كتاب مصوّر

labda

كرة

baba

دمية

játszani

يِلعب

homokozó

ملعب رملي للأطفال

hinta

أرجوحة

játékok

لعبة

videójáték konzol

ألعاب فيديو

tricikli

دراجة ثلاثية

teddi maci

دمية على شكل الدب

ruhásszekrény

خزانة الثياب

# ruházat

## ثياب

zokni

جوارب قصيرة

harisnya

جوارب طويلة

harisnyanadrág

جورب بنطلون

**sál**
شال

**esernyő**
شمسية

**póló**
تي شيرت

**öv**
حزام

**csizma**
حذاء شتوي

**papucs**
شبشب

**tornacipő**
أحذية رياضية

**szandál**
صندل

**cipő**
حذاء

**gumicsizma**
جزمة كاوتشوك

**alsónadrág**
سروال داخلي

**melltartó**
صدّارة

**mellény**
قميص داخلي

**body**

لباس ملاصق للجسم

**nadrág**

بنطلون

**farmer**

جينز

**szoknya**

تنورة

**blúz**

بلوزة

**ing**

قميص

**pulóver**

سترة قطنية

**kapucnis pulóver**

كنزة كم طويل

**blézer**

سترة فضفاضة

**dzseki**

سترة

**kabát**

معطف

**esőkabát**

معطف مطري

**kosztüm**

زي - طقم نسائي

**ruha**

ثوب

**esküvői ruha**

ثوب الزفاف

öltöny

طقم

hálóing

قميص نوم

pizsama

بيجاما

szári

ساري

fejkendő

حجاب

turbán

عمامة

burka

برقع

kaftán

قفطان

abaya

عباءة

fürdőruha

مايوه

fürdőnadrág

سروال سباحة

rövidnadrág

شرت

tréningruha

بدلة رياضية

kötény

مئزر

kesztyű

قفازات

gomb

زر

szemüveg

نظّارة

karkötő

إسوارة

nyaklánc

عقد

gyűrű

خاتم

fülbevaló

قرط

sapka

طاقيّة

vállfa

علاقة ثياب

kalap

قبّعة

nyakkendő

ربطة العنق

cipzár

سحّاب

bukósisak

خوذة

nadrágtartó

حمّالة البنطلون

iskolai egyenruha

اللباس المدرسي

egyenruha

زي موحّد

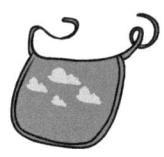

előke

مريلة الأطفال

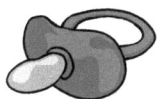

cumi

مصّاصة

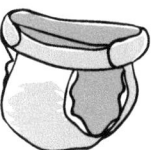

pelenka

لفافة

# iroda

## مكتب

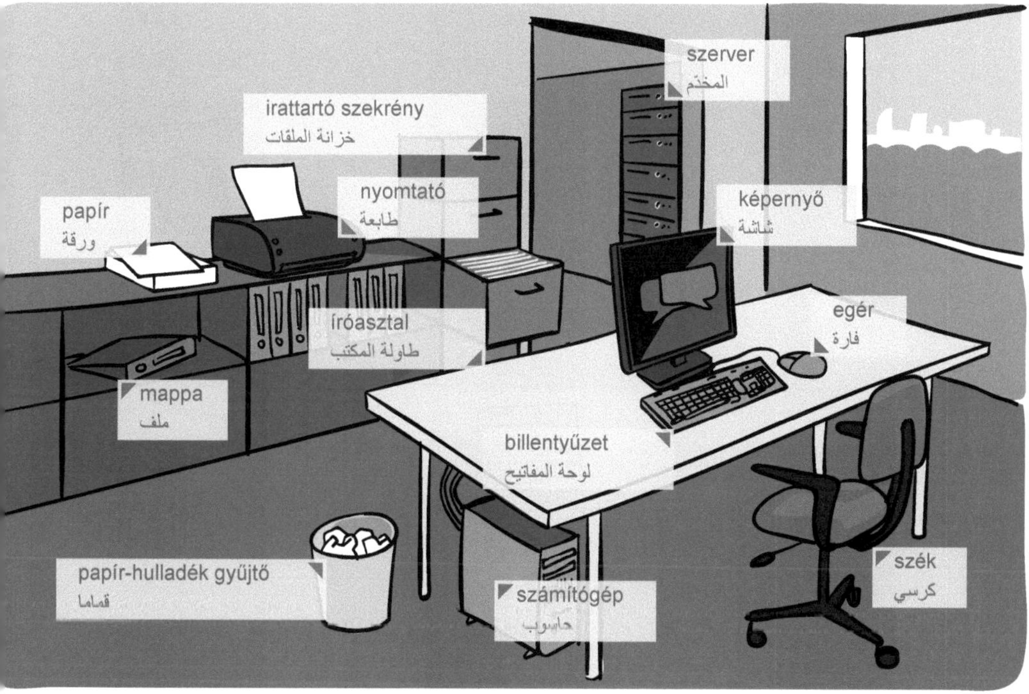
szerver
المخدّم
irattartó szekrény
خزانة الملفات
nyomtató
طابعة
papír
ورقة
képernyő
شاشة
íróasztal
طاولة المكتب
egér
فارة
mappa
ملف
billentyűzet
لوحة المفاتيح
papír-hulladék gyűjtő
قمامة
számítógép
حاسوب
szék
كرسي

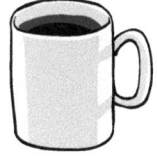

kávéscsésze

كأس من القهوة

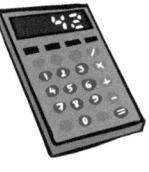

számológép

الآلة الحاسبة

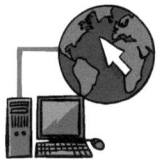

internet

الإنترنت

laptop

الحاسوب المحمول

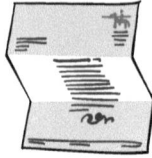

levél

رسالة

üzenet

خبر

mobiltelefon

الهاتف المحمول

hálózat

شبكة

fénymásoló

جهاز تصوير

szoftver

البرمجيات

telefon

هاتف

konnektor

مقبس كهربائي

faxgép

فاكس

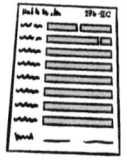

formanyomtatvány

استمارة

dokumentum

وثيقة

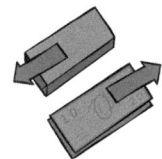

venni

يشْتري

fizetni

يدفع

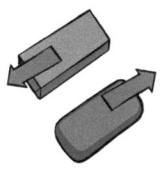

kereskedni

يتاجر

pénz

مال

**USD**

dollár

دولار

**EUR**

euró

يورو

**JPY**

jen

ين

**RUB**

rubel

روبل

**CHF**

svájci frank

فرنك سويسري

**CNY**

kínai jüan

يوان

**INR**

rúpia

روبية

bankautomata

صرّاف آلي

valutaváltó iroda

مكتب صرافة

arany

ذهب

ezüst

فضة

olaj

نفط

energia

طاقة

ár

سعر

szerződés

عقد

adó

ضريبة

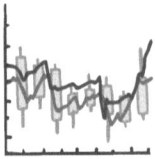

részvény

سهم

dolgozni

يعمل

munkavállaló

موظف

munkaadó

رب العمل

gyár

مصنع

üzlet

متجر

# foglalkozások
## المِهَن

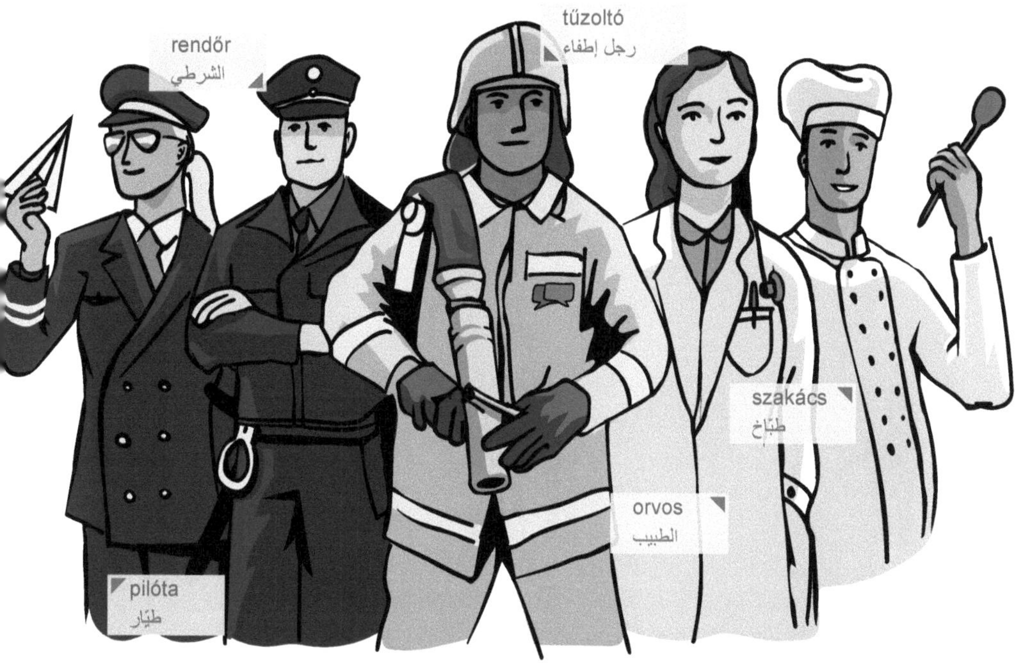
rendőr
الشرطي
tűzoltó
رجل إطفاء
szakács
طبّاخ
orvos
الطبيب
pilóta
طيّار

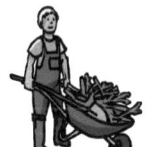

kertész

بستاني

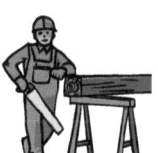

kárpitos

نجّار

varrónő

خيّاطة

bíró

قاضٍ

vegyész

كيميائي

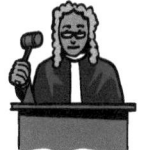

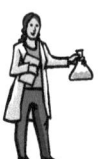

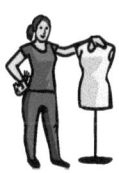

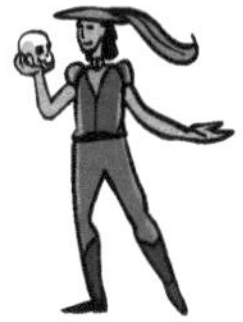

színész

ممثل

buszsofőr

سائق حافلة

taxisofőr

سائق تاكسي

halász

صياد سمك

bejárónő

أجيرة للتنظيف

tetőfedő

بنّاء سقف

pincér

نادل

vadász

صيّاد

festő

رسّام

pék

خباز

villanyszerelő

كهربائي

építőmunkás

عامل بناء

mérnök

مهندس

hentes

لحّام

vízvezeték-szerelő

سمكري

postás

ساعي البريد

katona

جندي

építész

مهندس معماري

eladó

أمين صندوق

virágos

بائع الزهور

fodrász

حلاق

kalauz

مراقب القطار

műszerész

ميكانيكي

kapitány

قبطان

fogorvos

طبيب أسنان

tudós

رجل العلم

rabbi

حاخام

imám

إمام

szerzetes

راهب

lelkész

كاهن

# szerszámok
## عدة عمل

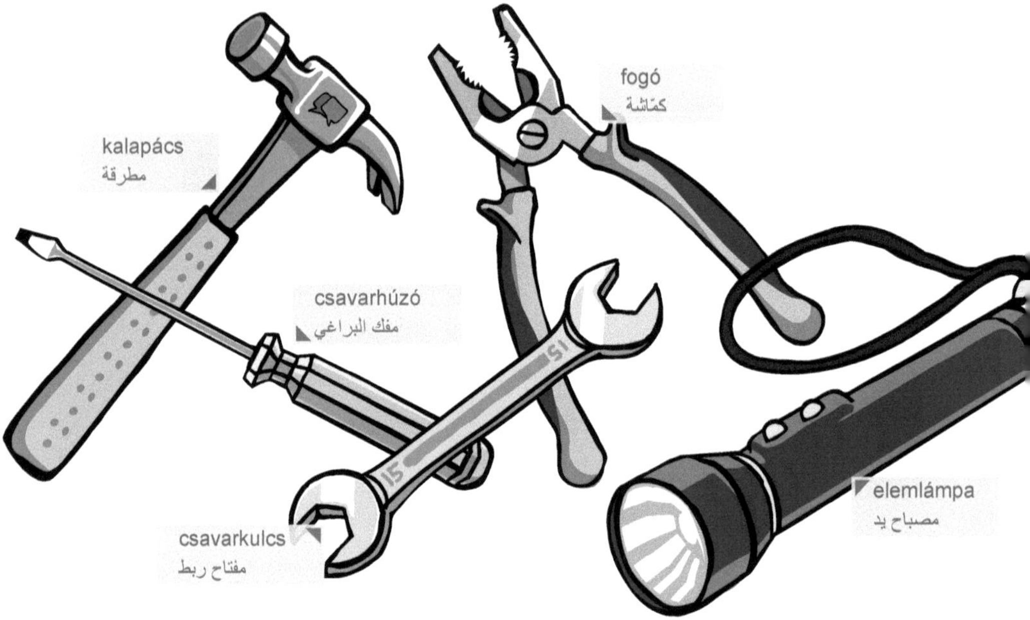
kalapács
مطرقة
fogó
كمّاشة
csavarhúzó
مفك البراغي
elemlámpa
مصباح يد
csavarkulcs
مفتاح ربط

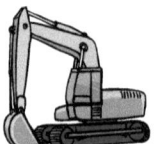

markológép

جرافة

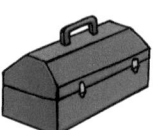

szerszámosláda

صندوق العدة

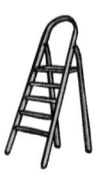

vödör

سلّم

fűrész

منشار

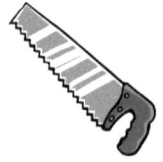

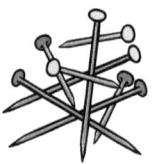

szög

مسامير

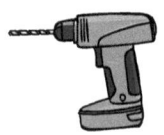

fúrógép

مثقب

megjavítani

يصلح

lapát

مجرفة

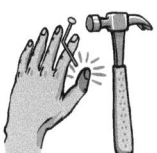

A francba!

اللعنة

szemétlapát

لقاطة الكناسة

festékesdoboz

سطل الألوان

csavar

براغي

## hangszerek

آلات موسيقية

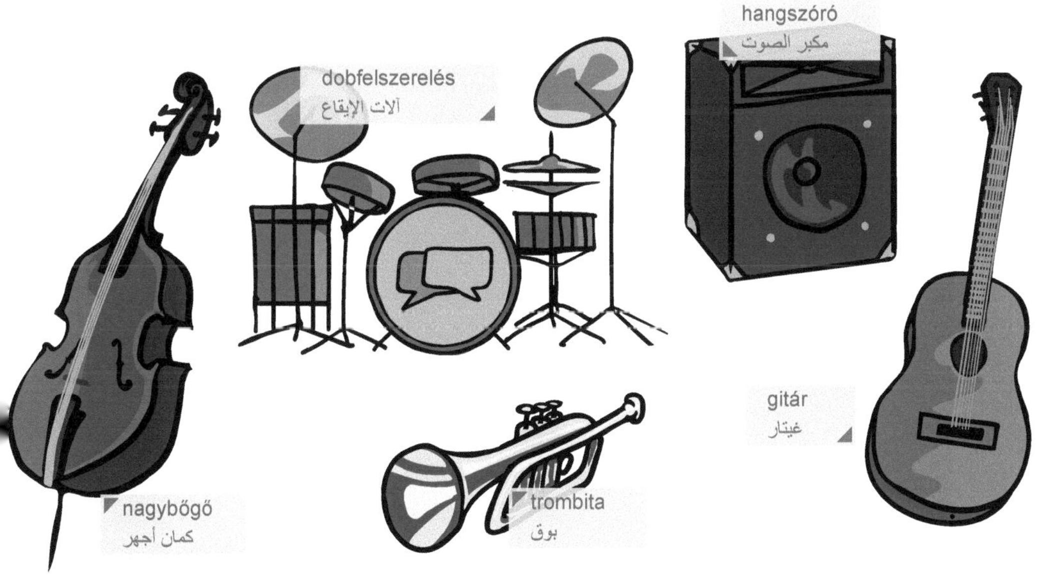

hangszóró

مكبر الصوت

dobfelszerelés

آلات الإيقاع

gitár

غيتار

nagybőgő

كمان أجهر

trombita

بوق

zongora

بيانو

hegedű

كمنجة

basszusgitár

جيتار

üstdob

طبل كبير

dobok

طبل

digitális zongora

بيانو كهربائي

szaxofon

ساكسوفون

fuvola

ناي

mikrofon

ميكروفون

# állatkert
# حديقة حيوانات

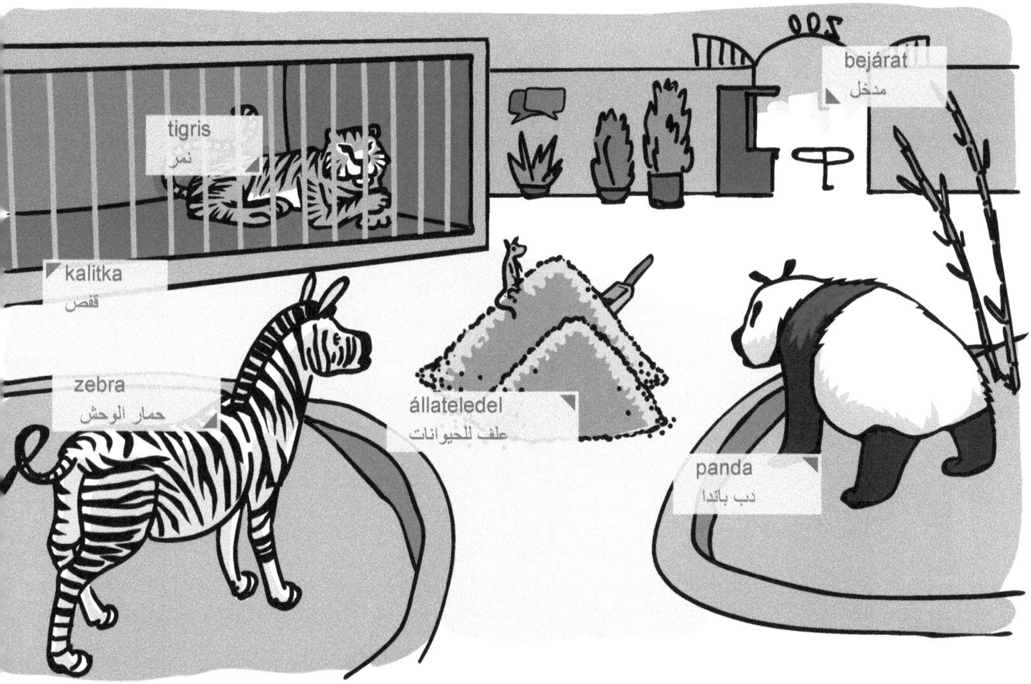

zoo
bejárat
مدخل
tigris
نمر
kalitka
قفص
zebra
حمار الوحش
állateledel
علف للحيوانات
panda
دب باندا


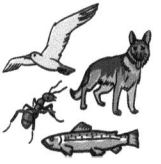

állatok
حيوانات

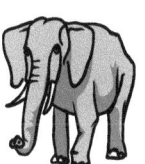

elefánt
فيل

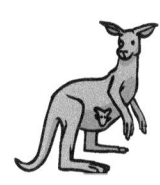

kenguru
كنغر

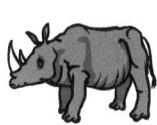

orrszarvú
وحيد القرن

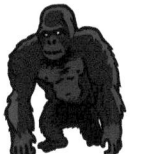

gorilla
غوريلا

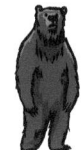

medve
دب

teve

جمل

strucc

نعامة

oroszlán

أسد

majom

قرد

flamingó

طائر فلامينغو

papagáj

ببغاء

jegesmedve

دب قطبي

pingvin

بطريق

cápa

سمك القرش

páva

طاووس

kígyó

أفعى

krokodil

تمساح

állatgondozó

حارس في حديقة الحيوان

fóka

عجل البحر

jaguár

نمر أمريكي مرقط

póniló

فرس قزم

leopárd

نمر

víziló

فرس النهر

zsiráf

زرافة

sas

نسر

vaddisznó

خنزير برّي

hal

سمك

teknős

سلحفاة

rozmár

حيوان فظ البحري

róka

ثعلب

gazella

غزال

amerikai futball
كرة القدم الأمريكية

kerékpározás
ركوب الدراجات

tenisz
كرة التنس

kosárlabda
كرة السلة

úszás
السباحة

jégkorong
هوكي الجليد

boksz
الملاكمة

futball
كرة القدم

tollas
الريشة الطائرة

atlétika
ألعاب القوى الخفيفة

kézilabda
كرة اليد

síelés
التزلج على الثلج

lovaspóló
بولو

nevetni
يضحك

ugrani
يقفز

ölelni
يعانق

sétálni
يمشي

énekelni
يغني

álmodni
يحلم

dicsérni
يصلي

csókolni
يقبل

írni
.................
يكتب

rajzolni
.................
يرسم

mutatni
.................
يُري

tolni
.................
يدفع

adni
.................
يعطي

vinni
.................
يأخذ

birtokolni

يملك

csinálni

يعمل

lenni

يوجد

állni

يقف

futni

يركض

húzni

يسحب

hajít

يرمي

esni

يقع

hazudni

يستلقي

várni

ينتظر

vinni

يحمل

ülni

يجلس

felvenni

يلبس

aludni

ينام

felébredni

يستيقظ

ránézni

ينظر إلى ..

sírni

يبكي

simogat

يمسّد

fésülni

يمشّط

beszélni

يتكلم

megérteni

يفهم

kérdezni

يسأل

hallgatni

يسمع

inni

يشرب

enni

ياكل

takarítani

يرتب

szeretni

يحب

főzni

يطبخ

vezetni

يقود

szállni

يطير

vitorlázni

يبحر بزورق شراعي

számol

يحسب

olvasni

يقرأ

tanulni

يتعلم

dolgozni

يعمل

házasodni

يتزوج

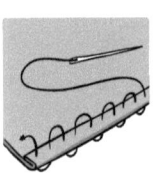

varrni

يخيط

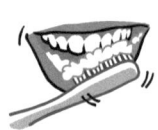

fogat mosni

ينظف أسنانه

ölni

يقتل

dohányozni

يدخّن

küldeni

يرسل

# család

# عائلة

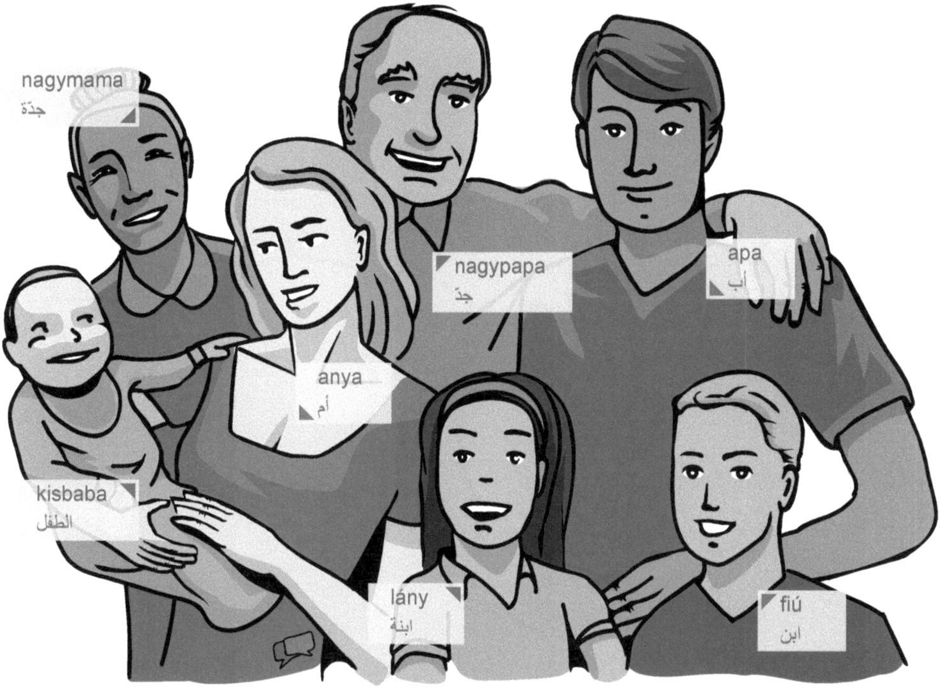

nagymama
جدّة
nagypapa
جدّ
apa
أب
anya
أم
kisbaba
الطفل
lány
ابنة
fiú
ابن


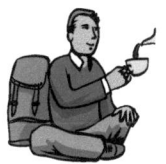

vendég
.....................
ضيف

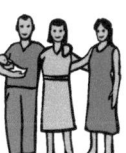

nagynéni
.....................
عمّة / خالة

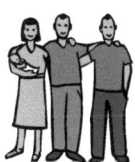

nagybácsi
.....................
عمّ / خال

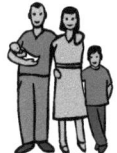

fiútestvér
.....................
أخ

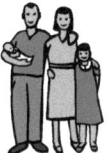

lánytestvér
.....................
أخت

# test

## الجسم

homlok
الجبين
szem
العين
váll
الكتف
ujj
الإصبع
arc
الوجه
áll
الذقن
kéz
اليد
láb
الساق
mell
الصدر
kar
الذراع

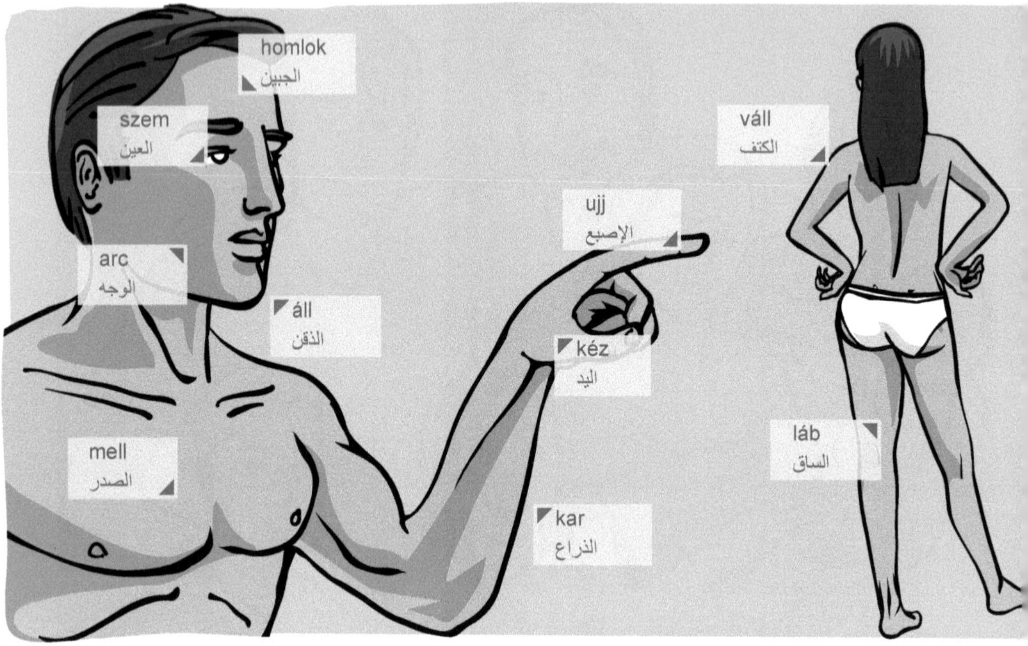

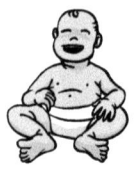

kisbaba
الطفل

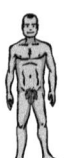

ember
الرجل

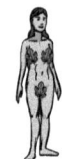

nő
المرأة

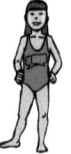

lány
البنت

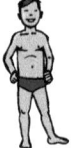

fiú
الولد

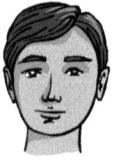

fej
الرأس

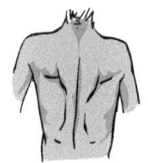

hát

الظهر

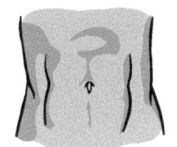

has

البطن

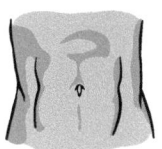

köldök

السرّة

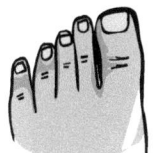

lábujj

إصبع القدم

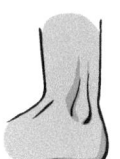

sarok

الكعب

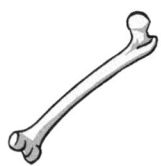

csont

العظم

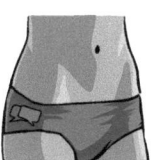

csípő

الورك

térd

الركبة

könyök

المرفق

orr

الأنف

fenék

العَجُز

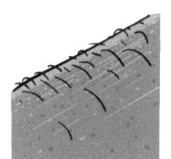

bör

البَشَرة

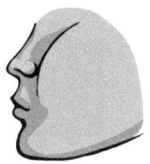

orca

الخد

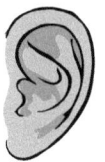

fül

الأذن

ajak

الشفة

száj

الفم

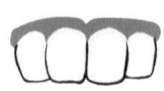

fog

السن

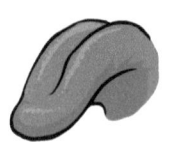

nyelv

اللسان

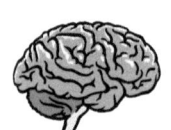

agy

الدماغ

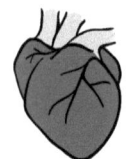

szív

القلب

izom

العضلة

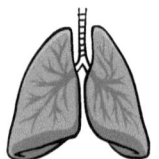

tüdö

الرئة

máj

الكبد

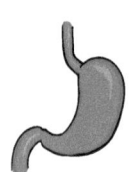

gyomor

المعدة

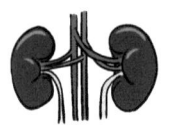

vese

الكلى

szex

الاتصال الجنسي

kondom

الواقي المطاطي

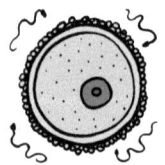

petesejt

البويضة

sperma

المنيّ

terhesség

الحمل

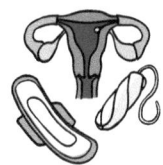

menstruáció

الحيض

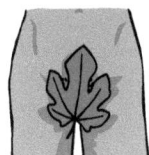

vagina

المهبل

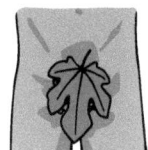

pénisz

القضيب

szemöldök

الحاجب

haj

الشعر

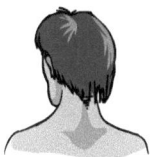

nyak

الرقبة

# kórház

# المستشفى

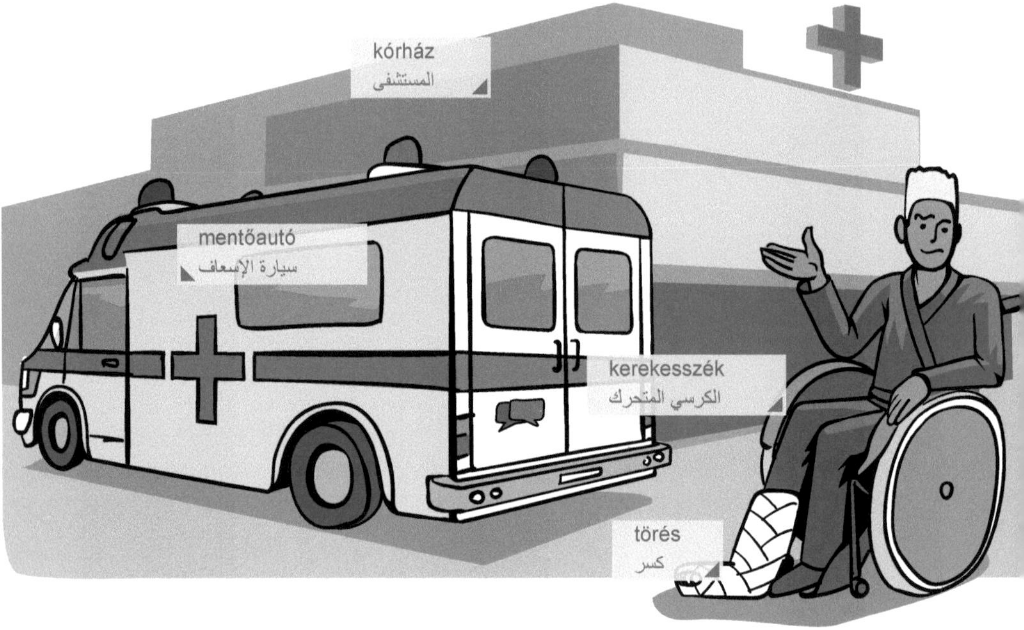

kórház
المستشفى
mentőautó
سيارة الإسعاف
kerekesszék
الكرسي المتحرك
törés
كسر

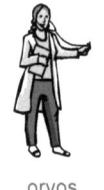

orvos

الطبيب

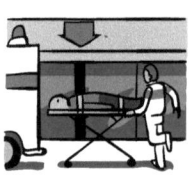

sürgősségi osztály

غرفة الإسعاف

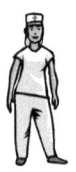

ápoló

الممرضة

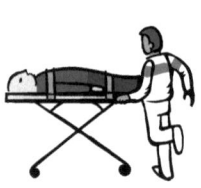

vészhelyzet

حالة

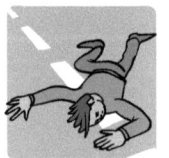

eszméletlen

مغمى عليه

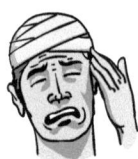

fájdalom

الألم

sérülés

إصابة

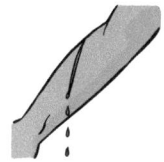

vérzés

النزيف

szívroham

احتشاء القلب

szélütés

جلطة

allergia

حسسية

köhögés

السعال

láz

الحُمّى

influenza

إنفلونزا

hasmenés

الإسهال

fejfájás

وجع الرأس

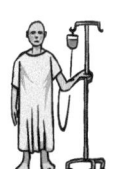

rák

السرطان

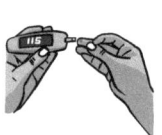

cukorbetegség

مرض السكر

sebész

جرّاح

szike

مبضع

műtét

عملية

CT

سيتي سكان

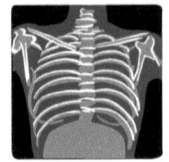

röntgen

الأشعة السينية

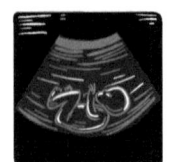

ultrahang

فوق الصوتي

arcmaszk

القناع

betegség

المرض

váróterem

غرفة الانتظار

mankó

العُكاز

sebtapasz

شريط لاصق

kötszer

ضماد

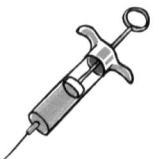

injekció

حقنة

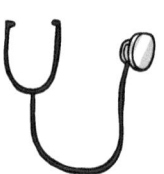

sztetoszkóp

سمّاعة الطبيب

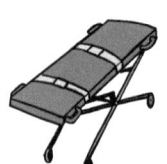

hordágy

نقالة

klinikai hőmérő

ميزان حرارة

születés

ولادة

túlsúly

وزن زائد

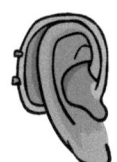

hallókészülék

جهاز السمع

fertőtlenítőszer

المواد المعقمة

fertőzés

عدوى

vírus

فيروس

HIV/AIDS

الإيدز

orvosság

الطب

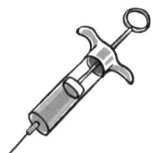

oltás

اللقاح

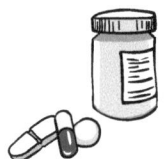

tabletták

أقراص الدواء

tabletta

حبّة الدواء

sürgősségi hívás

نداء النجدة

vérnyomásmérő

مقياس ضغط الدم

betegség / egészség

مريض / صحيح

Segítség!

النجدة!

riasztás

إنذار

rajtaütés

اعتداء

támadás

هجوم

veszély

خطر

vészkijárat

مخرج طوارئ

tűz!

حريق!

tűzoltókészülék

جهاز الإطفاء

baleset

حادث

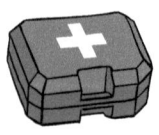

elsősegélycsomag

حقيبة الإسعاف الأولي

SOS

أنقذونا

rendőrség

الشرطة

Európa

أوروبا

Észak-Amerika

أمريكا الشمالية

Dél-Amerika

أمريكا الجنوبية

Afrika

أفريقيا

Ázsia

آسيا

Ausztrália

أستراليا

Atlanti-óceán

المحيط الأطلسي

Csendes-óceán

المحيط الهادي

Indiai-óceán

المحيط الهندي

Déli-óceán

المحيط المتجمد الجنوبي

Jeges-tenger

المحيط المتجمد الشمالي

Északi-sark

القطب الشمالي

Déli-sark

القطب الجنوبي

Antarktisz

منطقة القطب الجنوبي

föld

أرض

szárazföld

بر

tenger

بحر

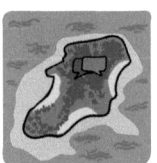

sziget

جزيرة

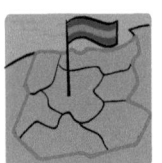

nemzet

أمة

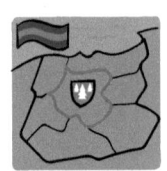

állam

دولة

számlap

ميناء الساعة

kismutató

عقرب الساعات

nagymutató

عقرب الدقائق

másodpercmutató

عقرب الثواني

Mennyi az idő?

كم الساعة الآن؟

nap

يوم

idő

زمن

most

الآن

digitális óra

ساعة رقمية

perc

دقيقة

óra

ساعة

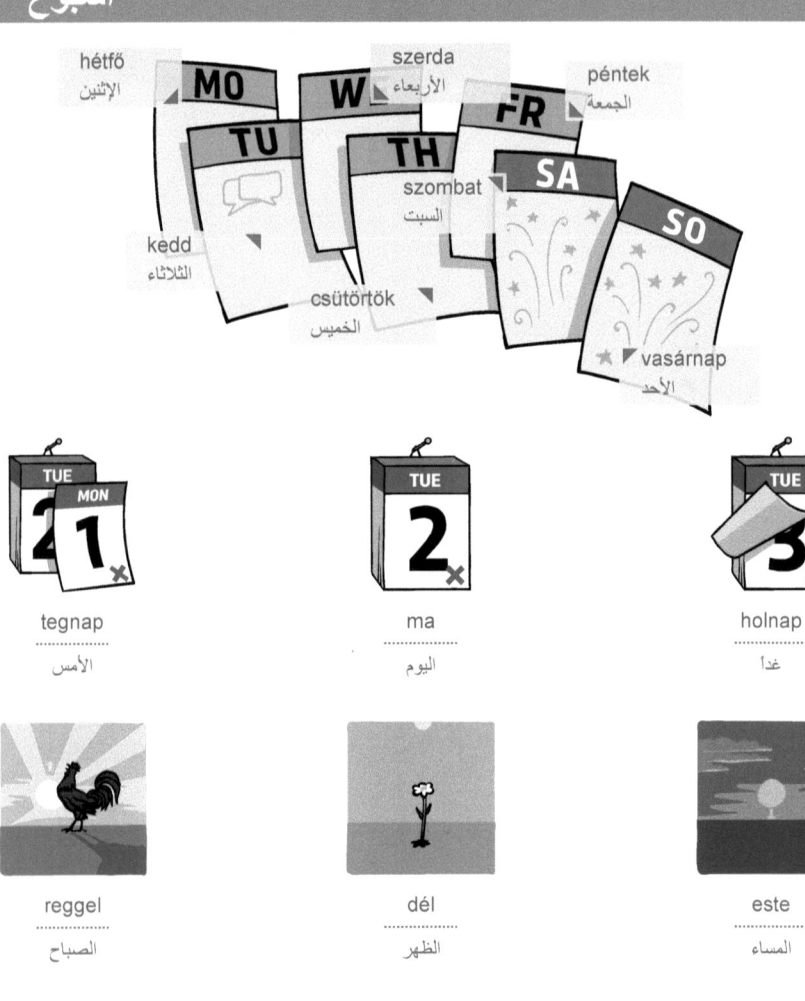

hétfő
الإثنين

szerda
الأربعاء

péntek
الجمعة

kedd
الثلاثاء

szombat
السبت

csütörtök
الخميس

vasárnap
الأحد

tegnap

الأمس

ma

اليوم

holnap

غداً

reggel

الصباح

dél

الظهر

este

المساء

hétköznap

أيام العمل

hétvége

نهاية الأسبوع

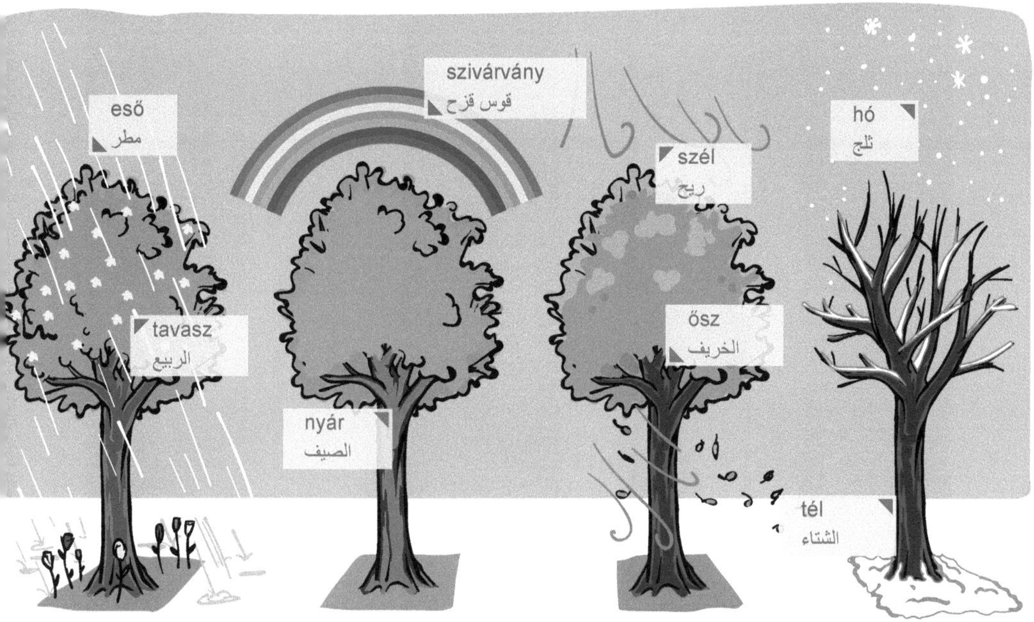

eső
مطر
szivárvány
قوس قزح
szél
ريح
hó
ثلج
tavasz
الربيع
nyár
الصيف
ősz
الخريف
tél
الشتاء


4.APRIL 11°
5.APRIL 4°
6.APRIL 13°
7.APRIL 0°
8.APRIL 10°


időjárás előrejelzés

التنبّؤ بالحالة الجوية

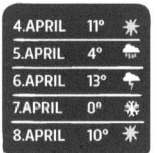

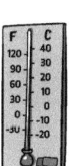

F
120
90
60
30
0
-30
C
40
30
20
10
0
-10
-20


hőmérő

مقياس حرارة

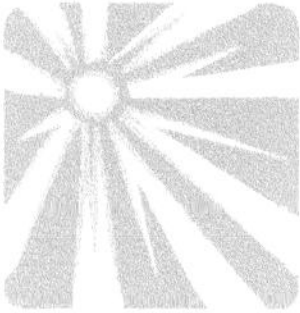

napsütés

ضوء الشمس

felhő

سحابة

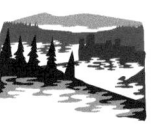

köd

ضباب

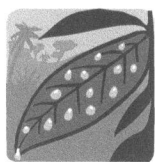

páratartalom

رطوبة الجو

villámlás

برق

mennydörgés

رعد

vihar

عاصفة

jégeső

بَرَد

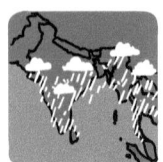

monszun

ريح موسمية

áradás

طوفان

jég

جليد

január

كانون الثاني / يناير

február

شباط / فبراير

március

آذار / مارس

április

نيسان / أبريل

május

أيار / مايو

június

حزيران / يونيو

július

تموز / يوليو

augusztus

أب / أغسطس

év - سنة

szeptember

أيلول / سبتمبر

október

تشرين الأول / أكتوبر

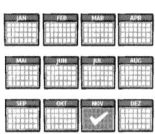

november

تشرين الثاني / نوفمبر

december

كانون الأول / ديسمبر

# alakzatok

## أشكال

kör

دائرة

négyzet

مربّع

téglalap

مستطيل

háromszög

مثلث

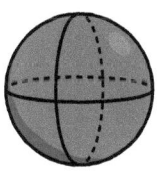

gömb

كرة

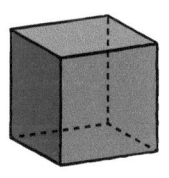

kocka

مكعب

fehér

أبيض

sárga

أصفر

narancs

برتقالي

rózsaszín

وردي

piros

أحمر

lila

بنفسجي

kék

أزرق

zöld

أخضر

barna

بنّي

szürke

رمادي

fekete

أسود

sok / kevés

كثير / قليل

mérges / nyugodt

غضبان / هادئ

szép / csúnya

جميل / قبيح

kezdet / vég

بداية / نهاية

nagy / kicsi

كبير / صغير

világos / sötét

فاتح / قاتم

fivér / nővér

أخ / أخت

tiszta / koszos

نظيف / وسخ

teljes / nem teljes

كامل / ناقص

nappal / éjszaka

نهار / ليل

halott / élő

ميت / حيّ

széles / keskeny

عريض / ضيّق

ehető / nem ehető

صالح للأكل / غير صالح

gonosz / kedves

شرّير / لطيف

izgatott / unott

مثير / ممل

kövér / vékony

سمين / نحيف

első / utolsó

أولاً / أخيراً

barát / ellenség

صديق / عدو

teli / üres

مليء / فارغ

kemény / puha

صلب / ليّن

nehéz / könnyű

ثقيل / خفيف

éhség / szomjúság

جوع / عطش

betegség / egészség

مريض / صحيح

illegális / legális

غير شرعي / شرعي

intelligens / buta

ذكي / غبي

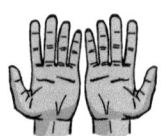

bal / jobb

يسار / يمين

közel / távol

قريب / بعيد

új / használt

جديد / مستعمل

semmi / valami

لا شيء / بعض الشيء

idős / fiatal

مسين / شاب

be / ki

يشعل / يطفئ

nyitva / zárva

مفتوح / مغلق

csendes / hangos

خافت / عالٍ

gazdag / szegény

غني / فقير

helyes / helytelen

صح / خطأ

érdes / sima

أحرش / املس

szomorú / vidám

حزين / سعيد

rövid / hosszú

قصير / طويل

lassú / gyors

بطيء / سريع

nedves / száraz

مبلول / جاف

meleg / hideg

ساخن / بارد

háború / béke

حرب / سلم

# számok

**0**

nulla

صفر

**1**

egy

واحد

**2**

kettő

اثنان

**3**

három

ثلاثة

**4**

négy

أربعة

**5**

öt

خمسة

**6**

hat

ستة

**7**

hét

سبعة

**8**

nyolc

ثمانية

**9**

kilenc

تسعة

**10**

tíz

عشرة

**11**

tizenegy

أحد عشر

## 12
tizenkettő

اثنا عشر

## 13
tizenhárom

ثلاثة عشر

## 14
tizennégy

أربعة عشر

## 15
tizenöt

خمسة عشر

## 16
tizenhat

ستة عشر

## 17
tizenhét

سبعة عشر

## 18
tizennyolc

ثمانية عشر

## 19
tizenkilenc

تسعة عشر

## 20
húsz

عشرون

## 100
száz

مائة

## 1.000
ezer

ألف

## 1.000.000
millió

مليون

angol

الإنكليزية

amerikai angol

الإنكليزية الأمريكية

mandarin kínai

لغة ماندارين الصينية

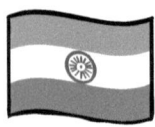

hindi

الهندية

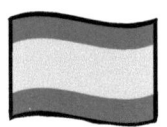

spanyol

الإسبانية

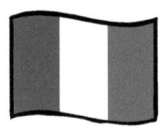

francia

الفرنسية

arab

العربية

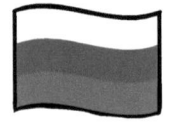

orosz

الروسية

portugál

البرتغالية

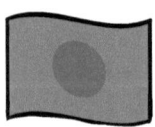

bengáli

البنغالية

német

الألمانية

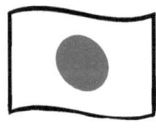

japán

اليابانية

én

أنا

te

أنت

ö

هو / هي

mi

نحن

ti

أنتم

ök

هم

ki?

من؟

mi?

ماذا؟

hogyan?

كيف؟

hol?

أين؟

mikor?

متى؟

név

أسم

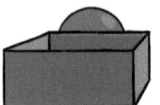

mögött

خلف

benne

في

elötte

أمام

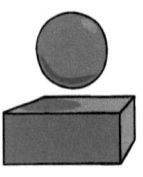

felette

فوق

rajta

على

alatta

تحت

mellett

جنب

között

بين

hely

مكان